Harfe der Hesperiden

Im Garten, wo die Äpfel glüh'n,
Die Hesperiden Lieder zieh'n,
Harfenspiel durch Äonen weht,
Des Schicksals Fäden sich dreh'n und dreh'n.

Die Saiten klingen silbern rein,
Ihr Ton durchdringt das Herz wie Wein,
Gold'nes Obst, von Zauber schwer,
Verspricht das Leben, immer mehr.

Dragonen wachen, ewig still,
Der Nymphengesang, so zart und schrill,
Im Einklang mit des Lebens Baum,
Vermählt sich Nacht mit Morgentraum.

So greifen Hände nach der Harf',
Voll Sehnsucht nach dem süßen Saft,
Das Lied der Schwestern, ewig laut,
In Zeit und Raum ein Klang vertraut.

Göttliche Reflexionen

Des Himmels Wölben, hoch und weit,
Die Sonne spiegelt Ewigkeit,
Gedanken tanzen, fliegen frei,
Im göttlichen Reflexionenspiel.

Die Welle küsst den alten Strand,
Sie trägt die Zeit in ihrer Hand,
Im Spiegelbild der Ozean,
Verborgene Welten zeigend an.

Am Horizont, wo Blitze glüh'n,
Die Götter ihre Kraft erneu'n,
Der Mensch in Demut staunend steht
Und seine eig'ne Kleinheit sieht.

Das Firmament in klare Nacht,
Ein Tuch aus Samt, mit Sternenacht,
Da flüstern Götter im Gemüt,
Und füllen's mit dem Himmelslicht.

Pfade der Erhabenheit

In Wäldern tief, wo Sterne leuchten,
Das Dunkel weicht, sanft sie versprechen,
Die Pfade schlängeln sich in Ruh',
Erhabenheit in jedem Tu'.

Auf Höhen klar, wo Adler ziehn,
Der Blick sich weitet, Seelen fliehn,
Die Winde flüstern Lieder sacht,
Von alter Macht und stiller Pracht.

Im Tale fern, wo Flüsse fließen,
Die Wiesen sich ins Licht ergießen,
Dort schreitet Weisheit, leise, schwer,
Und lehrt das Herz das Mehr und Mehr.

Das Licht der Sterne, mild und rein,
Die Stille Nacht lädt Träumer ein,
Auf Pfaden, die das Schicksal webt,
Wo Seele Ruhe und Erkenntnis hebt.

Zum Klang der Heiligen

Hört ihr den Klang, der sanft die Lüfte durchwebt,
Die Melodie heilig, so zart und so rein,
Sie ruft uns zu Andacht, wo Leben sich hebt,
Entführt in die Sphäre der Götter hinein.

Vom Flüstern der Bäume, dem Rauschen der Quell',
Zeus' Stimme erklingt in des Donners Gewalt,
Dem Orakel von Delphi, geheiligt die Stell',
Die Botschaft verborgen, in Mythen gestaltet.

Aphrodite strahlt Liebe, umgibt uns mit Glanz,
Die Schönheit so ewig, wie Sterne am Himmelsbogen,
Ihr Lächeln verheißt einen süßen Tanz,
In Herzen verwoben, von Leidenschaft gezogen.

So singen die Heiligen, unsichtbar doch nah,
Ihr Klang eine Brücke, die Erde und Himmel verbindet,
Im Herzen bewahrt, als wär es immer da,
Die Göttlichkeit, die in der Stille uns findet.

Götterhall widerhallt

In Hallen aus Marmor, mit Säulen so prächtig,
Götter versammeln sich, mächtig und andächtig,
Ihr Widerhall schwingt durch die ewige Nacht,
Als Hymne der Kräfte, so stürmisch, voll Pracht.

Die Schmiede Hephaistos, mit Feuer im Kern,
Formt Waffen und Werkzeug, beständig und fest,
Poseidon ergreift das Zepter, regiert das Meer'n,
Und Hestia's Herdfeuer schenkt Wärme und Rast.

Artemis streift durch die Wälder, die wild,
Ihr Bogen verspricht Jagdglück und Geschick,
Dionysos' Wein, der die Sorgen umhüllt,
Und Hermes, der flink, trägt Botschaften geschickt.

Wenn Götterhall widerhallt in die Welt,
So höre der Mensch und nehm sich zur Acht,
Ehrfurcht und Staunen sei ihm zur Hand,
Den Olymp zu verehren, bei Tage und Nacht.

Flüstern des Olymps

Hoch über Wolken, im Glanze des Lichts,
Thronen die Götter, gesammelt im Kreis,
Ihre Stimmen, ein Flüstern, das das Schicksal durchbricht,
Ein Gespinst aus Geschichten, so alt und so weis.

Sie reden vom Krieg und vom Frieden so klar,
Von Heldenmut, der die Zeiten überdauert,
Vom Aufstieg der Sterne, vom Lauf der Jahr',
Vom Glanz des Olymps, in Ehrfurcht erschauert.

Dort Zeus mit dem Blitz, der donnernd regiert,
Athena mit Weisheit, die klug sie verteilt,
Apollons Lyra, die die Herzen berührt,
Demeter, die reiche Ernte uns verheilt.

So flüstert der Olymp, gesegnet und hehr,
Den Menschen zu Füßen, im Staube der Zeit,
Ein Hoffen, dass einmal die Stimme so sehr,
Erhört wird und führt zu vergöttlichtem Geleit.

Stimmen der Unsterblichen

In ewiger Nacht, unter silbernen Sternen,
Weit jenseits des Himmels, in der Zeitlosigkeit,
Flüstern die Götter, ihre Worte wie Laternen,
Leuchten die Pfade der Unendlichkeit.

Sie singen von Macht, die in Welten sich webt,
Von Schicksalen, die sich im Dunkel verlieren,
Vom Schöpfen und Sterben, das ewig belebt,
In Liedern, die Seelen zu sich herüberführen.

Ihr Echo durchdringt die Sphären des Alls,
Unsterblich ihr Sang, der niemals vergeht,
In den Herzen der Menschen hallt wider der Schall,
Als leise Erinnerung, die nie verweht.

Von Göttern, die flüstern in himmlischen Chören,
Verkünden sie Weisheit in verschlungenen Sätzen,
Uns Sterblichen bleibt nur, zu lauschen, zu spüren,
Das Rätsel des Seins, das wir ewig schätzen.

Sterbliche Antworten

Fragen der Sterblichen, leise im Wind,
suchen nach Antworten, die sie kaum find'n.
In den Herzschlägen der Zeit, die schwere Fragen webt,
liegt die Suche nach Sinn, die nie vergeht.

Sind der Götter Gedanken uns weit entrückt,
od'r mit unserm Schicksal untrennbar verzückt?
Scherben der Weisheit, zu Antworten gemahlen,
durch die Seelen der Sterblichen gestrahlen.

Sterbliche suchen, doch was bleibt unentdeckt?
Ist es Hoffnung, die das Dunkel durchbrecht?
Antworten blitzen, kurz in unserer Zeit,
wie Sterne, die leuchten, in der Ewigkeit.

In jedem Moment, den das Leben uns schenkt,
wird das Buch des Daseins neu gelenkt.
Sterbliche Antworten, flüchtig in ihrer Pracht,
doch in der Stille, liegt verborgene Macht.

Wogen der Unendlichkeit

Auf den Wellen der Zeit, so weit und breit,
schwimmt mein Geist, in Ewigkeit.
Unter Sternenzelten, über Nebelmeere,
reise ich fort, immer wieder, mehr.

Jenseits der Grenzen, durch Raum und Sphären,
will meine Seele die Weiten verzehren.
In Sehnsucht gehüllt, im Traum geboren,
bin ich von Wogen der Unendlichkeit umfloren.

Die Ewigkeit singt, mit kosmischer Zunge,
ein Lied das in jeder Galaxis erklingt.
Keine Angst vor dem Dunkel, kein Verlangen nach Licht,
ich tanz auf den Wogen, das Gleichgewicht.

Jeder Stern, der verbrennt, jedes Loch, das verschlingt,
ist Teil von dem Reigen, den die Unendlichkeit bringt.
Verlorene Welten, neue Horizonte weisen,
in den Wogen der Unendlichkeit, da reisen.

Fließende Götterströme

Götterströme, fließe fort,
durch Asgards Tore, still am Ort.
Von Idavoll aus, so klar und rein,
ziehen sie durch die Welten, fein.

Freya's Tränen, golden im Licht,
Frigg's Wehklagen, das Gleichgewicht.
Thor's Hammer, Donnern im Lauf,
Lokis List, nimmt seinen Verlauf.

Fließende Kräfte, uralt, wild,
die Schöpfung's Webstuhl, fein und mild.
Die Nornen weben, unaufhörlich, ohne Ruh,
das Schicksal alles Lebendigen, dazu.

Yggdrasil's Wurzeln, tief verankert,
Lebenswasser, das sich schenkert.
Die neun Welten, im Einklang's Gesang,
fließende Götterströme, mit ewigem Fang.

Odins murmeln

Im Dämmerlicht der Welten Saal,
lauscht still der Allvater, ganz ohne Wahl.
Weise Worte flüstert der alte Mann,
Murmeln von Odin, den niemand bann'n kann.

Runen werfen Schatten, kryptische Zeichen,
die Zukunft und Vergangenheit zugleich weichen.
Raben flügelschlagend in ewigen Kreisen,
Nordlichtgeflacker lässt seinen Willen reisen.

Der Wind trägt seine Worte fort,
durch Zeit und Raum, an jeden Ort.
Das Schicksal der Neun Welten in seiner Hand,
Odins murmeln, ein ewig Band.

In der Halle, sitzt er so sinnend und alt,
Gedankenströme stark und kalt.
Der Gott der Weisheit, Runenmeister, Schlachtenlenker,
Odin, der Wanderer, stiller Denker.

Beschwörungen des Hermes

Flügelgleich, die Botschaft eilt,
Durch Lüfte, die der Hermes teilt.
Sein Stab führt in verborgene Sphären,
Wo Worte Welten kreieren, begehren.

Er flüstert leise in die Seelen,
Kann Wunden heilen und sie stehlen.
Geschwindigkeit, sein steter Freund,
Beschwörungen, die er uns vereint.

Als Götterbote, reist er ständig,
Übermittelt Neuigkeiten, leis, behändig.
Sein Wirken, allem Leben Schrift,
In jedem Buchstaben, Hermes' Hieroglyphe.

Mit Sandalen, die den Wind berühren,
Lässt er die Distanzen schwinden, schnüren.
Magie der Worte, sprechend, sacht,
Hermes' Beschwörungen, durch die Nacht.

Delphische Tiefen

Der Pfade steil, sie führen hinab,
Wo Orakel spricht aus stummem Grab.
Pythia weissagt, dämpft den Schmerz,
Ihre Visionen, Kunst des Herzens Erz.

In Tempelhallen schwebt die Kunde,
Wie Nebelschleier in der Stunden Runde.
Die Zukunft liegt im Dunst verborgen,
Erst kommt das Heute, dann das Morgen.

Delphische Tiefen, wir lauschen dir,
Deiner Stimme Melodie in uns hier.
Rätselhafter Sinn, verhüllte Zeichen,
Die Gottheit will uns Weisheit reichen.

Gebrochen spricht das Echoglas,
Inmitten einer Zeitenras.
Im Antlitz alter Marmorsteine,
Bleibt Delphi ewig, nie alleine.

Wotans Echo

Im Windesbrausen, fern und alt,
Erklingt es tief aus Urwald kalt.
Des Gottes Ruf im Nebelgrau,
Ein Echo hallt im Morgentau.

Die Raben fliegen, kreisen sacht,
Verkünden Weisheit, dunkle Macht.
Im Wolkenbett zeigt sich die Schar,
So wie einst Wotan gegenwärtig war.

Runenzeichen auf der Stein,
Geflüstert in den Kranz aus Reisig fein.
Die Worte alt, sie binden und sie lösen,
In Ehrfurcht möchten wir sie lesen.

Die Weltesche wacht, kein Blatt das rührt,
Die Stille des Waldes tief berührt.
Wotans Echo in der Stammes Runen,
Es bleibt im Herzen uns zu wohnen.

Platonische Klangwelt

In Sphärenklängen, rein und klar,
Wo Ideen in Harmonie schwingen,
Da findet sich, was wahrhaft war,
Dort kann Platon den Kosmos durchdringen.

Gedanken formen die Melodie,
Die unsichtbar die Welt durchzieht,
In jedem Ton, der rein und frei,
Ein Stück des Ganzen sich ergießt.

Die Musik, die aus dem Äther schallt,
Ist Abbild göttlicher Ordnung und Maß,
In ihr das Gute sich entfaltet, bald,
Ist sie des Geistes reiner Spaß.

Horch auf die Töne, lausche still,
Sie sprechen von einer Welt, so klar,
Platonische Klangwelt, die erfüllen will,
Die unser Sein im Einklang war.

Aphrodites Lächeln

Aus Schaum geboren, lieblich, licht,
Aphrodite, Göttin des Begehrens,
Dein Lächeln, das die Herzen bricht,
Und alle Seelen sanft verehrens.

Du wandelst durch die Gärten, sacht,
Mit Rosenfüßen, zart berührend,
Dein Antlitz, das den Tag zur Nacht,
Mit sanfter Liebe stets betörend.

Das Meer, es kräuselt sich in Lust,
Wo deine Schönheit es berühret,
Ein Kuss, ein Blick, von dir bewusst,
Hat schon so manches Schickal geführet.

Aphrodite, bleibe ewig jung,
In deiner Anmut, strahlend, heiter,
In jeder Blume, Duft, Gesang,
Da lebt dein Lächeln weiter.

Flammenlied des Prometheus

Am Felsen, wo der Adler kreiste,
Hielt Prometheus das Feuer fest,
Eine Gabe, die die Nacht verleiste,
Und die Menschheit nicht mehr vergisst.

Mit Funken, die im Dunkel sprühen,
Gab er Wärme und auch Licht,
Lernten Menschen dadurch glühen,
In Gesichtern spiegelt sich das Sicht.

Doch die Götter, zornig, grausam,
Banden ihn mit starken Ketten schwer,
Doch sein Werk bleibt unverlauscht,
Lebt im Flammenlied für immer mehr.

Trag das Feuer, stete Flamme,
Durch des Schicksals schwere Prüfung durch,
Prometheus, mit starkem Namen,
Erleuchte unser Streben, such.

Zulu der Zephyre

Zulu, Geist der sanften Brisen,
Über Felder tanzt du leicht,
Hauchst den Bäumen Lieder, Kisen,
Dass die Welt in Farben weicht.

Durch das Laub, die Flüsterwinden,
Tragen Träume, sacht gewebt,
In den Zephyren sich entzünden,
Lied, das in den Äthern schwebt.

Leise über Bäche gleitest,
Schmeichelnd, wie ein weicher Kuss,
Kraft, die alles zart umkleidest,
Lebenshauch, geboren aus Genuss.

Singe, Zulu, flüstre weiter,
Deine Melodien so rein,
Tänzer in des Himmels Heiter,
Ewig soll dein Hauch sein.

Nachwirken des Olymp

Die Säulen gebrochen, der Tempel verweht,
Doch im Herzen der Menschen das Erbe noch steht.
Die Götter des Olymp, in Geschichten verwoben,
In des Schicksals Buch ewiglich oben.

Ihre Stimmen ein Hauch in des Windes Gesang,
Ihre Taten ein Echo, das klar und bang.
Im Widerhall der Zeit der Menschen Gedanken,
Die alten Götter noch Liebe und Zorn an den Ränken.

Der Donner, das Rauschen vom großen Poseidon,
In den Wellen noch spielt sein unendlicher Reigen.
Aphrodite's Schönheit in Blumen versteckt,
Eine Welt, die von Göttern einst war gesegnet.

Noch flüstern die Bäume von Artemis' Jagd,
Der Olymp, er hallt nach in endloser Pracht.
Mythos und Sage, in Ewigkeit webend,
Das Nachwirken der Götter, unsterblich und lebend.

Göttersagen der Dämmerung

Wenn die Sonne dem Monde die Bühne nun lässt,
Flüstert der Wind Göttersagen vom Fest.
Ende des Tages, der Dämmerung Schleier,
Enthüllt alte Mythen, geheim und feier.

Helden und Nymphen im Zwielichte tanzen,
Mit Göttergeschichten, die im Dunkeln glanzen.
Die Kreaturen der Nacht anfangen zu lauschen,
In des Dämmerungs Zauberspruch tief eintauchen.

Unter dem Firmament, das sich langsam verdunkelt,
Werden Legenden und Sagen sanft entzündelt.
Göttersagen der Dämmerung, mystisch und alt,
Erzählen von Macht, die in Sternen gestalt'.

Im Untergang der Sonne, wenn die Welt sich neigt,
Wird das Tor zu den Mythen der Antike gereicht.
Die Seele berührt von jener alten Magie,
Wenn Tag und Nacht sich finden in poetischer Symmetrie.

Amen der Alten

Amen der Alten, Echo der Zeit,
Betend zur Vorsehung, in Demut und Leid.
Stimmen so brüchig, doch stark im Glaub'n,
Flüstern die Worte, die sie staubig entstaub'n.

Jedes Wort, ein Atemzug von Ewigkeit,
Verloren und gefunden in Vergänglichkeit.
Amen, so stark, von Lippen so fahl,
Ein Gebet, eine Bitte, ein lebenslang' Mahl.

In den Falten der Hände liegt Weisheit verborgen,
Von gestern bis heute, bis zum kommenden Morgen.
Amen der Alten, gesungen, gesagt,
Ein Fundament, das Lasten der Jahrhunderte trägt.

Alte Augen schließen, im Glauben so warm,
Überlassen dem Schöpfer, beruhigt, den Arm.
Das Amen verklingt, doch niemals verweht,
Es lebt in den Herzen, so lang die Welt besteht.

Himmlischer Chor

Oben im Himmel, so rein und so klar,
Leuchtet der Chor, unsichtbar zwar.
Stimmen in Harmonie, Engel vereint,
In Facetten des Lichts, das ewig scheint.

Singen von Frieden, von Liebe so mild,
Jede Seele am Himmel wohlmeinend und wild.
Sie flüstern von Hoffnung in nächtlicher Stund',
Tragen den Glauben aus Herzensgrund.

Der Sterne Tanz, so zart und fein,
Begleitet den Chor mit sanftem Schein.
Klänge durchdringen die himmlische Sphär',
Als wäre das Paradies ganz nah und nicht mehr fern.

Chor der Engel, singt für uns hier,
Erhellt die Dunkelheit mit himmlischer Zier.
Der Echo hallt nach, durch das Universum weit,
Verbreitet Hoffnung und Ewigkeit.

Göttlicher Nachklang

In den Hainen, wo einst Flora blühte,
Ihr Duft noch in der Luft heut' glühte,
Der Nachklang einer göttlichen Welt,
In den Ruinen der Tempel fällt.

Dionysus' Fest, noch immer laut,
Im Nachhall jeder Stein es traut,
Das Echo seiner Ekstase weilt,
In alten Mauern, lang verweilt.

Artemis jagt im Mondenschein,
So nah und doch so fern zu sein,
Die Göttin streift durch Wald und Feld,
Ein göttlicher Nachklang unserer Welt.

Hephaistos' Amboss klingt nicht mehr,
Doch seine Kunst verehren wir sehr,
In jeder Faser, jedem Klang,
Spürt man den göttlichen Nachdrang.

Schatten der Olympier

Wo Zeus einst seine Blitze warf,
Ein Schatten legt sich übers Harf',
Bedeckt von Mythen, schwer wie Stein,
Die Olympier, nicht mehr daheim.

Hera, die Göttin, hoch in Ehren,
Kann ihr Schicksal uns kaum lehren,
Als Schatten wandelt sie umher,
Die Tempel leer, ihr Herz so schwer.

Athenas Weisheit, einst so klar,
Nun ein Echo, aus der Ferne zwar,
Der Schild verrostet, die Eule schweigt,
Der Glanz des Olymps sich neigt.

Apollons Lieder, fern der Zeit,
In Schatten gehüllt die Ewigkeit,
Doch manchmal, in der Stille Nacht,
Wird alte Macht zum Leben gebracht.

Erwachen antiker Stimmen

Stimmen hallen durch die Ruinen,
Von Athen bis zu Karthagos Dünen,
Sie erzählen von vergang'nen Tagen,
Von Heldentaten, großen Wagen.

Kolonnen ziehn durch das alte Rom,
Cäsars Macht, sie klingt nicht stumm,
Vergil singt von Aeneas' Reisen,
Die Zeit versucht er zu entreißen.

Sapphos Lyrik, weich und zart,
Erwacht in uns, schlägt die gleiche Art,
Die Worte wie Wellen am Ufer brechen,
Dem Alter trotz, sie in uns stechen.

Philosophen, die einst lehrten,
Ihre Stimmen nie sich verzehrten,
Platon, Aristoteles - sie sprechen laut,
In der Geschichte fest vertraut.

Flucht in die Mythenschwingungen

In dunkler Nacht, wo Sterne singen,
Im Traum durch Zeit und Raum wir springen,
Zum Ort, wo Götter einst getanzt,
Im Mythos' Schoß sich tief verpflanzt.

Da flüstern Blätter alte Sagen,
Die durch die Ewigkeiten tragen,
Wo Heldenmut und Zauberkraft,
In Mythenweben leise schaft.

Die Flucht, sie führt uns weit zurück,
Zu Orpheus' Leier, Stück für Stück,
In Tempeln hallt der Götter Lachen,
Sie in die Schwingungen uns packen.

Schicksalsdissonanzen

In dunklen Tiefen des Seins verwoben,
Liegt das Schicksal, unerhoben,
Dissonanzen in dunkler Brust,
Erzeugen in der Seele Unruh und Lust.

Kein Dirigent führt den Taktstock hier,
Das Leben spielt seine Symphonie, so schier,
Klänge mischen sich, süß und schal,
In des Schicksals großem Konzertsaal.

Versteckt in Tönen, schwarz und weiß,
Liegt ein Sinn so tiefsinnig und leis',
Ein Fortissimo in sturmgepeitschter Nacht,
Gefolgt von Pianissimo, sachte bedacht.

Dissonanzen wirbeln, steigen und senken,
Schicksalsmelodien, an die Sterne sie denken,
In Harmonie und Missklang grell,
Findet jede Seele schließlich ihr Ziel, so schnell.

Widerhall der Weiten

Ein Echo rollt, vom Berg zum Tal,
Vergessene Lieder, ein spröder Strahl,
Die Weite ruft durch Wald und Feld,
Ein Widerhall, der die Zeit erhält.

Gedämpft durch Nebel, bebend fein,
Ein Ruf, der schneidet in das Sein,
Widerhallend in der Ferne Kraft,
Ein Geflüster, das zu Träumen schafft.

In Kuppeln weiten Himmelszelt,
Erzählt der Widerhall von der Welt,
Geheimnisse, in Tönen weich,
Erfüllen leise das Himmelreich.

Und immerfort, im endlos Raume,
Schwingt sich der Klang, ein Tages Traume,
Der Widerhall der Weiten singt,
Wo Stille in die Unendlichkeit dringt.

Rituale des Ra

Am Ufer des Nils, in der Dämmerungsglut,
Wo Ra, die Sonne, das Leben behüt',
Die Priester singen, der Tag erwacht,
In goldenen Strahlen, voll Macht und Pracht.

Das Boot des Ra, es gleitet fein,
Durch Ätherblau, der Sternenrein,
Die Rituale alt und klar,
Versprechen Wohl, Jahr um Jahr.

Im Sand verborgen, Geheimnisspur,
Bewahrt die Zeit die Götter nur,
Ra's Auge wacht, voll Stolz und Weit,
Ein Flammenzug in Ewigkeit.

Das Abendrot nimmt Ra in sich,
Versinkt im Nil, still und sicht,
Die Rituale des Ra vergehn',
Während Sterne aufzieh'n und untergehn'.

Träume der Troja

In Trümmer liegt die alte Pracht,
Ein Traum, der leise weint bei Nacht,
Vergess'ne Helden, Ruhm und Zorn,
Im Wind verweht, als wär's nie geborn.

Gehüllt in Sagen, dichter Nebel,
Wo einst die Liebe zog ihr Hebel,
Helena's Schönheit, bitterer Preis,
Ein Pferd entscheidet über Weis'.

Die Mauern fallen, Schicksal spielt,
Ein Pfade trennt, was einst vereint,
In Troja's Asche schlummern Träume,
Durch Jahrtausende, stille Räume.

Ein Mythos webt die Zeit entlang,
In jedem Stein, ein leiser Klang,
Die Träume der Troja, ewiglich,
So ferne Welten, spiegeln sich.

Heraldische Harfentöne

In Sälen, wo die Harfen klingen,
Ein Klangteppich, so reich und warm,
Die Saiten sprechen, leise schwingen,
Als wäre jede Note ein Arm.

Die Melodien erzählen Geschichten,
Von Rittern, Edelfrauen zart,
In Liedern, Tänzen, Minne-Iichten,
Die Harfe spielt mit adeliger Art.

Die Harfnerin, in Seidenkleider,
Die Finger tanzen auf den Saiten,
Zu Festen wird der Klang ein Leiter,
Die alten Mauern sanft begleiten.

Und wenn der Abend leise sinkt,
Die Harfe flüstert, sanft, befreit,
In jedem Raum das Wappen blinkt,
Die Töne tragen Zeit.

Titanen-Erwiderungen

Urkräfte wecken alte Reisen,
Titanen, längst der Mythos Teil,
Ihre Stimmen durch die Zeiten kreisen,
Ein Echo, stark und keil.

Gebirge brechen aus der Erde,
Als wären's Titanenschritte groß,
Die Lavaströme, Feuerherde,
Entfesseln Leben, kühn und los.

Sie tragen das Gewicht der Welten,
In Schultern breit, aus Stein gemeißelt,
Ihr Widerhall lässt Himmel zelten,
Ihr Ruf in Zeit und Raum gepflanzt.

Die Ozeane toben wild,
Wenn Titanen laut erwiedern,
In Sturmesbrausen ungezügelt,
Die Urgewalten, ewig Lieder.

Göttliche Fingerspitzen

Berührung sanft, so göttlich rein,
Der Schöpfung Werk, fein ziseliert,
Mit Fingerspitzen, gold'ner Schein,
Das Leben zart modelliert.

Die Sonne streichelt Blumenwangen,
Des Meeres Welle, Gottes Hand,
Die Berge, die zum Himmel langen,
Erhaben überm Land.

Mit Himmelstinte schreibt die Nacht,
Die Sterne, Seelenworte fein,
Von Götterhand zu uns gebracht,
In unser Sein allein.

Ein Universum, weit und still,
In jedem Atom sein Fingerabdruck,
Die Welt ein göttliches Profil,
In jedem Moment, in jedem Glück.

Himmelsresonanzen

Im weiten Raum der Stille,
Die Sterne flüstern leise,
Der Mond, so klar und helle,
Erzählt die alte Weise.

Das Firmament in Blau getaucht,
Mit funkelnden Gedichten,
Die nacht erfüllt mit Himmelsrauch,
In unseren Gesichten.

Die Galaxien weit und groß,
Ihr Echo hallt im Wind,
Mit jeder Sternschnupp' ein Stoß,
Ein Wunsch, der neu beginnt.

In Harmonie, die Welten schwingen,
Die Nacht singt ihre Lieder,
Die Resonanzen sanft erklingen,
Unsichtbar, doch sie ziehen Fäden.

Sagenhafte Resonanz

In Sagen tief, wo Fantasien entspringen,
Resonanz, die alten Mythen Flügel gibt,
Da tanzen Feen und Kobolde im Reigen,
Und flüstern Lieder, die die Zeit besiegt.

Im Widerhall der Wälder, Bergen und Seen,
Schwingen die Stimmen verschollenen Glaubens,
Erzählen von Helden, längst nicht mehr geseh'n,
In einer Welt, die legendenhaft staubt.

Die Narren und Weisen, die Dichter und Sänger,
Sie alle lauschen der sagenhaften Resonanz,
Und weben mit Worten ein Netz, umso pränger,
Gefangen in des Mythos ewigem Tanz.

So klingt es fort, durch Zeiten und Räume,
Ein Echo alter Weisheiten, Strahlen im Dämmerschein,
Sagenhafte Resonanz, in unseren Träume,
Die Brücke zur Magie, immer wird sie sein.

Unsterbliche Echos

Lieder hallen durch die Zeitalter weit,
Unsterbliche Echos, aus Tiefen der Vergangenheit,
Sie tragen Geschichten, von Liebe und von Leid,
Unvergessen, trotzend der Endlichkeit.

In jeder Brise, die über die Felder zieht,
In jedem Wellenschlag, der an Felsen bricht,
Tönt das Echo, das niemals unterliegt,
Eine Melodie, wie ein fahles Licht.

Zwischen Berg und Tal, im ewigen Strom,
Schweben die Klänge, schwerelos und frei,
Unsterblich, wie der Morgenröte Dom,
Im Einklang der Natur, stets dabei.

Wir hören sie flüstern in alter Eich' Gezweig,
Im Rauschen des Flusses, unter dem Sternenzelt,
Unsterbliche Echos, durch die Zeit so reich,
Ein Band, das Vergangenheit mit Zukunft hält.

Göttergesang in der Stille

Wenn die Welt zur Ruhe kommt, beginnt ihr Chor,
Göttlicher Gesang, sanft und doch so mächtig,
Füllt die Stille mit harmonischem Akkord,
Erklingt im Herzen, unsichtbar und prächtig.

Im leisen Rauschen des nächtlichen Windes,
In Wellen, die sanft den Uferstrand küssen,
Vermelden die Götter ihre Kunde geschwindes,
Ein Lied, das wir Sterbliche selten erspüren.

Doch lauschen wir still, mit der Seele allein,
Dem Flüstern der Götter im mondlichten Scheine,
Da offenbart sich uns die Wahrheit so rein,
Im Göttergesang, der ewig wird weine.

Es berührt das Gemüt, erfüllt es mit Frieden,
Wie Flügel, die uns zu den Sternen entheben,
In der Stille, wo Lieder der Götter entschieden,
Das Echo der Ewigkeit weiterzugeben.

Stimmen der Ewigkeit

Im dunklen Echo alter Hallen,
Still flüstern Geister vergessener Zeiten,
Ein Wispern wie von ew'ger Qualen,
Die Schicksale der Welt begleiten.

Vom Anbeginn bis in die Ferne,
Wo Zukunft sich im Nichts verliert,
Erzählen Stimmen in der Sterne,
Von dem, was ewig uns berührt.

In tiefer Nacht, wenn Schatten wandern,
Und Stille schwer auf Herzen liegt,
Erhebt das Echo sich und andern,
Die Botschaft längst vergangner Siege.

So höre ich die alten Worte,
Durch Zeit und Raum zu mir gebracht,
Die flüstern an verborg'ne Orte,
Und halten stets die Wacht.

Pantheon Poetik

Die Götter dichten in Sphärenklängen,
Ein Pantheon voll Poesie,
Im Einklang schwingen ihre Gesänge,
Ein Harmoniegeflecht, das nie entflieht.

Die Musen wecken, Ideen fließen,
Als Quelle der Inspiration,
Im Menschenwelt die Kunst erblühen,
Verewigt in der Dichter Vision.

Der Verse Kraft, so alt wie Erd'
Durch Zeiten trägt der Glaube weit,
Das Wort verbindet, gibt uns Wert,
Im Göttlichen ein Stück Unendlichkeit.

Wächtergeflüster

In dunklen Gassen, Wände nass,
Der Wächter geht die nächtlich' Rund',
Sein Atemwölkchen, schwebend, blass,
Ein Flüstern schlüpft aus seinem Mund.

Er schaut hinauf, die Sterne klar,
Bedeutungsschwer, ein flücht'ger Gruß,
Erzählt von Mächten, wunderbar,
Bewahrt des Nachts der Stadt' den Schuss.

Die Welt im Schlummer, traut und still,
Er einsam nur mit seiner Pflicht,
Die Zeit verrinnt, so wie sie will,
Im Wächterherz das Gleichgewicht.

Klagelied der Kassandra

Ich sah das Feuer, sah den Rauch,
Verkündete die Schreckenslauf,
Doch hörte man auf meine Warnung nicht,
Trojas Mauern fielen im Dämmerlicht.

Sie nannten mich verrückt und boten Spott,
Dabei war klar das nahende Lott,
So zog der Tod in stiller Pracht,
Vorausgesehen in schwarzester Nacht.

Ich trage die Bürde, ungläubiger Ohren,
Ein Fluch, der mich zu früh auserkoren,
In Schatten wandelnd, nur Wahrheit kann ich sagen,
Doch bleibt sie ungehört bis ans Ende meiner Tage.

Verlorene Visionen von Valhalla

In Nebelschleier, weit entrückt,
Mit Schild und Schwert die Luft durchzückt,
Ein Hallenruf, so kraftentladen,
Versunken tief in Götterschatten.

Wo Odin einst in Weisheit sprach,
Des Raben Flug, der Runen Macht,
Da hallt nun leer der Echo Klang,
Verstummt der Skalden Lobgesang.

Die Walküren, schlafend in ihren Gemächern,
Ihr Flüstern verweht wie das letzte der Fackeln,
Valhallas Tore, von Dornen umsponnen,
Verlorene Visionen, vom Schicksal zerronnen.

Rufe über den Äther

Wenn Rufe reisen über Äther weit,
Gesandt von Götterstimmen in die Nacht,
Da brechen sie die Stille mit Bedacht,
Und tragen fort das Wort zu jeder Zeit.

Sie reisen durch die ewige Weite hin,
Von Stern zu Stern und durch des Himmels Tor,
Sie hallen nach, ohn' Anfang und ohne Spur,
Und binden Seel' an Seel', Sinn an Sinn.

In stiller Nacht, wenn alle Welt ruht tief,
Dann singen sie, was keinem Ohr entgeht,
Ein Ruf, so fern und doch so unendlich nah,
Geheimnisvoll, als ob die Zeit sie rief.

Sie künden von des Schicksals alter Mähr,
Und flüstern Träumen neue Wege zu,
Durch Äther schwingt, von alten Kräften kühn,
Der Ruf, der nie verhallt, ewig und wahr.

Flügel der Götterlieder

Auf Flügeln sanft getragen,
Die Lieder alter Zeit,
Von Göttern einst gesungen,
In unbeschwerter Heiterkeit.

Die Harmonien schweben,
Durch Wolken, Wind und Meer,
Ein Chor der göttlichen Wesen,
So mächtig, erhaben und schwer.

Die Melodien, sie schwingen,
Durch Täler, Wald und Feld,
Bekräftigen die Alten,
In dieser breiten Welt.

Die Flügel tragen weiter,
Die Weisen über Land,
Ein Echo der Unendlichkeit,
Das in den Herzen fand.

Echos aus Asgard

Aus Asgards hohen Gipfeln,
Erklingt ein alter Ruf,
Erzählend von den Taten,
Thor's Hammer hebt den Schuf.

Die Wände widerhallen,
Von Odin's weiser Zunft,
Das Echo trägt die Weisheit,
Und erfüllt die Luft.

Von Freya's Schönheit singend,
Die Echostimme spricht,
Ihr Zauber leuchtet ewig,
In jedem Atemzug, ein Gedicht.

Von Riesen und von Zwergen,
In alten Sagen haust,
Das Echo aus Asgard,
Das stets die Zeit durchbraust.

Göttliches Widerklingen

Im Echo der heiligen Hallen,
Ein Klang so rein und klar,
Es flüstert leis' in alten Sagen,
Und widerhallt so wunderbar.

Die Götter selbst sie lauschen still,
Zum alten Lied der Zeit,
Ihr Widerhall in Seelen dringt,
Erzählt von Ewigkeit.

Erklingt in jedem Herzen tief,
Mit einer Melodie,
Die durch die Äonen schwingend bleibt,
In süßer Harmonie.

Das Echo trägt es weit hinaus,
Durch Nächte, durch das All,
In ihm lebt fort das Göttliche,
Ein nie verklingender Schall.

Zwiegespräch der Schicksalsgötter

Des Schicksals Fäden, fein gesponnen,
Zwei Götter sprechen, leis', verwoben,
Des Lebens Lauf wird neu begonnen,
Von Schatten und von Licht erhoben.

„Soll's Glück oder Leid sein?", fragt der eine,
Dem anderen Blick, tief, ergründend,
Das Schicksal, ewig und gemeine,
In ihren Händen stets verschwimmend.

Worte weben Welten, Schicksalslied,
Der Zukunft Wogen, sanft durchdacht,
Dass jeder seine Wege zieht,
Durch dunkle Nacht zum Morgen, sacht.

So sprechen sie und falten Raum und Zeit,
Vergehen, Wachsen, alles in ihrer Macht,
Die Schicksalsgötter, voller Weisheit,
Walten stumm in Ewigkeit und prächtiger Pracht.

Murmeln der Morgenröte

Ein Hauch von Rosa streift das Land,
Die Morgenröte leise murmelt,
Verspricht des Tages zartes Band,
Wo Nacht in sanfter Dämmerung krummelt.

Die Vögel stimmen ein Konzert,
In früher Stund' die Welt begrüßen,
Der Tau, er glitzert unversehrt,
Als wolle er die Blumen küssen.

Die Sonne kündigt Ankunft an,
Am Horizont ihr warmes Lachen,
Verdrängt die Dunkelheit sodann,
Lässt Himmel voller Farben wachen.

Der Morgen flüstert still sein Lied,
Und in der Stille, groß und weit,
Entsteht ein Tag, den noch niemand sieht,
In voller Pracht und Herrlichkeit.

Götterdämmerungsnachklang

Im Zwielicht ruht die alte Welt,
Mit Nebelschleiern sanft umfangen,
Wo einst der Götter Glanz erhellt,
Nun Stille nach dem Fortgang bangen.

Aus Asche neues Leben keimt,
Die Flammen tanzen, leis im Wind,
Verjüngung, die das Ende reimt,
Ein neuer Tag, der nun beginnt.

Das Echo hallt in Leere weit,
Doch Hoffnung in der Ferne winkt,
Die Dunkelheit verliert den Streit,
Wo neues Licht am Horizonte blinkt.

Die Götterdämmerung nun verklungen,
Das Heute schweigt, dem Gestern nach.
Im Morgengrauen, frisch, verjüngt,
Ein neuer Mythos leise erwacht.

Gesänge aus dem Jenseits

Aus Jenseits' Nebelschleier weit,
Da klingen Lieder, leis' und sacht,
Einstimmig in der Endlichkeit,
Vermächtnis einer längst vergess'nen Macht.

Die Melodien, sie flüstern Namen,
Verloren in des Schicksals Lauf,
Der Seelen ruhelose Samen,
In stiller Ehrfurcht nehmen ihren Kauf.

Gesänge tragen Schwermut, Sehnsucht,
Verklingen in der Ferne, kaum zu ergründen,
Jenseits des Lebens bittersüße Frucht,
Will sich im ew'gen Kreislauf finden.

So lausch' dem Echo aus der Anderwelt,
Das leise in die Herzen fällt,
Ein Flüstern zwischen den Dimensionen,
Unendlich in seinen schönen Illusionen.

Hall der Helden

Im Hall der Helden, wo Ehre spricht,
Ruhen Krieger in marmor'nem Glanz,
Ihre Taten in Stein gemeißelt, dicht,
Ein Denkmal setzend ihrem Tanz.

Schwerter gekreuzt, Schild zum Gruß,
Legenden, die der Welt geblieben,
Unermüdet durch des Schicksals Kuss,
In Sagen von den Barden getrieben.

Tapferkeit wohnt hier, Stolz und Mut,
Dort, wo Schilde laut an Schilde klingen,
Vergilbt das Blatt, unsterblich das Blut,
Das durch die Zeiten wird ewig singen.

Die Helden, Zeit kann sie nicht berauben,
Ihr Echo wandert durch die Säle,
Ihre Geschichten gewoben in Glauben,
Bleiben Zeugen der Epoche, der Male.

Polytheistische Psalmen

In Tempeln, alt und steinern, schwer,
Singt Priester des Olympus' Chor,
Verkündend von des Himmels Heer,
Wo Götter teilen das Geschick empor.

Poseidons Wogen, Heras Zorn,
Apollons Licht, Athenes Weisheit klug,
Dem Merkur eilt, die Flügel zorn,
Und Hades schweigt im dunklen Trug.

Ehrfurcht, Furcht in gleicher Schwere,
Die Psalmen hallen durch die Nacht,
Opfergaben, Weihrauch, Gebete, Lehre,
So wurde der Alten Macht bedacht.

Polytheistisch' Lied, es ruft,
Vergangen, doch im Glauben tief,
Vom Pantheon, der Sterne Duft,
In jedem Vers ein Gott sich zeigt.

Schattenspiel der Unsterblichen

Im Zwielicht tanzen die Gestalten,
Unsterblich, in der Nacht verwoben,
Ein ewiges Ballett der Schatten,
Wo Zeit scheint still und ungehoben.

Gleiten leise durch die Ewigkeit,
Berühren sanft des Mondes Strahlen,
Flüstern Lieder von Vergangenheit,
Von Göttern, deren Mythen malen.

Ungezählt die Stunden, Tage,
Geistergleich im Dunkel schweifen,
Gebunden an die alte Sage,
Wo Seelen in den Abgrund greifen.

Aus Asche sich erhebt, vergeht,
Die Unsterblichkeit im Spiel gefangen,
Ihr Tanz, der niemals Ruhe sieht,
Ist tot und lebend zugleich verlangen.

Ruf des Zeus

Am Gipfel sitzend, hoch und weise,
Herrscherblick, der stets auf Reise,
Donnerruf, durch Wolkenbruch,
Ist Zeus' Stimme, ein mächt'ger Fluch.

Blitzesdämmerung, funkensteil,
Sein Wille kundtuend, ohne Heil,
Der Himmel öffnet sein Gewand,
Zu senden Zeichen übers Land.

Sterbliche knien, erzitternd, bang,
Vor des Gottes lauten Klang,
Seine Mahnung, tief und schwer,
Wie Sturmgebraus' auf wildem Meer.

Doch auch Gnade in ihm wohnt,
Wenn reuig Herz um Vergebung soon't,
Mächtig der Ruf, doch voller Gruft,
Ist Zeus' Stimme, die durch Lüfte ruft.

Rascheln ewiger Weisheit

Ein Rascheln in des Wissens Buch,
Seiten alt, vom Zeitendruck,
Gehalten in der Bibliothek,
Wo Stille wacht, behütet das Zweck.

Gelehrte Worte, längst vergilbt,
Die Essenz, die der Zeit entrückt,
Formeln, Runen, Zaubersprüche,
Verborgen in des Pergaments Brüche.

Die Tinte trocken, das Pergament spröde,
Bewahren Weisheit, doch auch Böde,
Für jene, die mit reinem Mut,
Erforschen Wortschatz, Wissenschaftsgut.

Ewiges Wissen, in Stille gehüllt,
Wer nach ihm greift, die Sehnsucht stillt,
Weisheit, die im Rascheln lebt,
In jeder Seite tief verwoben webt.

Zwischen Mythenhall

Zwischen Säulengängen weit,
Wo Mythen weben Zeit zu Zeit,
Hallt wider ew'ger Helden Klang,
Ein jeder Schritt, ein Donnerang.

Gedanken wandern, leis und stumm,
Durch Hallen, wo die Echos ruh'n,
Könige, Drachen, in Stein gemeißelt,
Geschichten, längst in Zeit geeist.

Licht bricht sich in Bogenfenstern,
Malt Schattenbilder, alte Gespenster,
Die flüstern still von Sieg und Leid,
Erzählen längst vergang'ne Zeit.

Dort steh' ich, lauschend, fast allein,
Spür' in den Hallen Ewigkeitsschein,
Versunken tief in Mythen alldort,
Ein Wanderer zwischen Wortenfort.

Götterworte im Wind

Flüstern leise, Baum zu Baum,
Die Götter sprechen, es ist kaum,
Ein Hauch von Macht, verborgen, sacht,
In Windes Armen durch die Nacht.

Gesänge alt, von Ätherhand,
Sie weben sich durchs Sternenland,
Bedeuten Kunde, ewig jung,
Von Weltenferne, leis' erzwung.

Und wer mit Herz und Seele lauscht,
Den Weltenwind um Fingerspitzen rauscht,
Versteht die Sprache, weise, klar,
Die seit jeher offenbar.

Lausche tief hinein und finde,
In jedem Hauch, in jeder Winde,
Götterworte, ewig und rein,
Im Wind verweht, doch niemals klein.

Göttliche Sphärenklänge

Wo göttlich Licht die Sphären streift,
Harmonien durch das All sie weben.
Die Sterne tanzend, leuchtend reifen,
Den Himmel schmückend, Leben heben.

Die Musen spielen, Himmlisch' Lieder,
Ihr Klang fließt durch des Kosmos Saal.
Melodien schwingen hin und wieder,
Binden Zeit und Raum zum Ideal.

Aphrodite singt von Liebe,
Apollo mit der Lyra spielt,
Ihre Töne, zart und trübe,
Die Seele berührend, unversteilt.

Und wenn der Nacht ihr Mantel weicht,
Der Morgen dämmert, strahlend, licht.
Verklingen Sphärenklänge leicht,
In des Tages neuem Gesicht.

Am Brunnen der Mimir

Am Brunnen der Mimir alter Fluch,
Tief verborgen im Weltenbaum.
Sein Wasser kalt, birgt weisen Brauch,
Begehrt von denen, die es schaun.

Wer trinkt davon, erlangt das Wissen,
Der Welten Lauf, die ew'ge Zeit.
Es öffnet Geist und Herz zerrissen,
Für Wahrheit und für Klarheit weit.

Odins Auge, als Opfergabe,
Getauscht für schlauen Mimirs Trank.
Erkaufte Sicht, trotz dunst'ger Habe,
Die Wurzeln fühlen, niemals wank.

Der Quell spricht leise, flüstert Weisen,
Vergessenes in Runen eingeschrieben.
Wer kann des Wassers Macht beweisen,
Wird ewig mit dem Wissen lieben.

Hall des Njord

Im Hall des Njord, wo Wellen schlagen,
Der Meeresgott in Weite blickt.
Sein Atem webt durch salz'ge Lagen,
Von Fischers Netze sanft umstrickt.

Die Möwen rufen, Segel bläh'n,
Er führt die Schiffe durch die Flut.
Gibt Segen jenen, die versteh'n,
Sein Reich, so stürmisch und so gut.

Doch wenn er zürnt, erhebt sich Woge,
Wie Pferde, wild und schäumend, rennt.
Das Meer, von seiner Macht bewogen,
Verschlingt, was seiner Ruhe spennt.

Des Njord Gemäuer, fest und stark,
Bewahren in sich altes Wissen.
Wo Gischt und Wind erzählen, hark,
Von Seefahrts Glück und auch Vermissen.

Sirenenruf

Im Dämmerlicht, auf wilder See,
Die Wellen tanzen hin und her.
Ein Sirenenruf, so süß und schwer,
Zieht Seemänner in die Tiefe, weh.

Zart klingt das Lied durch Sturm und Gischt,
Die Seelen lockend mit Gesang.
Verführt von dem verhängnisvoll' Klang,
Der in des Menschen Herz sich frischt.

Doch lauernd hinter süßer Melodie,
Verbirgt sich Tod und ew'ge Nacht.
Wer nicht widersteht der sirenischen Zier,
Versinkt, vom tiefen Meer umfacht.

Ein letzter Klang, die Welle schwand,
Der Himmel weint, die Seele bangt.
Im Herzen bleibt nur stummer Schmerz,
Und Meeresrauschen, einsam, hart.

Ewige Elegien

Die Zeit, sie schreibt mit zarter Feder,
Ewige Elegien, leise nieder.
Jede Zeile eine Spur in Ewigkeit,
Gedanken, Gefühle, zu Stein der Zeit.

In alten Hallen, weit und stille,
Resonieren Worte, füllen Rille,
Von Hand geführt, durchs Schicksals Band,
Verewigen sich auf Pergament, im Land.

Die Elegien, aus tiefem Seelengrund,
Erzählen vom Leben, so rund,
Von Freude, Leid und tiefer Liebe,
Ein Denkmal setzend, dass nichts betrübe.

So stehen Verse, stark und klar,
Die Trost und Hoffnung offenbar,
In ewigen Elegien, rein und wahr,
Besiegeln sie das, was einstens war.

Klangkaskaden des Kosmos

Im Weltenraum so grenzenlos und weit,
Wo Sterne tanzen in der Ewigkeit,
Da fließen Klangkaskaden, stolz und stark,
Sie weben durch das Dunkel, Funken, zart.

Ein Pulsieren in des Alls Geäder,
Ein Symphonie aus Licht und Schatten,
Das Universum, ewiger Äther,
Vibrierend in seinen unendlichen Matten.

Gesänge der Galaxien, leise,
Erzählen von der Schöpfung Reise,
In Kaskaden formt sich dort,
Das große Werk, aus Klang ein Hort.

Und Kosmos, in der Weite still,
Er klingt und singt, wie er will,
In Harmonie, so unergründet,
Die Klangkaskaden, unbeschwingt, versiegelt.

Sphären der Seraphim

Im Reiche, wo die Seraphim,
Die Sphären füllen mit Gesang,
Da hebt sich an der Engel Hymn,
So rein als ob das Sein verging im Klang.

Sie schwingen hoch im Äther klar,
In Chören, die das Herz erheben.
Ihr Lobgesang so wunderbar,
Lässt jeden Zweifel sanft verweben.

Durchfluten Licht mit Harmonien,
So golden wie der Morgenstern,
Die Sphären klingen, süße Melodien,
Entführen uns in ferne, helle Fern.

Die Seraphim, in Liebe rein,
Bemalen Zeit mit Tönen fein.
Jedweder Flügelschlag ein Akkord,
Die Sphären der Seraphim, himmlischer Ort.

Echoes aus Elysium

Wo Lichter sanft durch Äonen wehn,
Und Seelen in Harmonie verstehn,
Da klingen Echoes zart durch Nacht,
In Elysiums Gärten, mit Bedacht.

Hier flüstern Blätter ewige Lieder,
Vergessene Träume kehren wieder,
Der Friede fließt in reinen Wellen,
Wo Sternenstaub fällt, um zu gesellen.

Der Hügel Blumen, bunt und sacht,
Ein Farbenspiel aus Sternenmacht.
Es sammeln sich die reinen Seelen,
In Elysium, wo Echoes quellen.

Ein sanfter Hauch, so warm und licht,
Durch Weben der Ewigkeit bricht.
Die Zeit, sie steht in diesen Sphären,
Wo Echoes aus Elysium uns belehren.

Metaphysische Melodien

Von Sphärenklängen sanft umringt,
Die Seele in das Nichts entschwingt.
Metaphysische Melodien,
Ergründen die Geheimnisse Phythiens.

Gedanken tanzen, schwerelos,
Durch Universen, grenzenlos.
Die Suche nach dem tiefen Sinn,
Befreit den Geist, gibt ihm Gewinn.

Jenseits von Zeit und Raum allein,
Lässt Melodien ewig sein.
Unsichtbar, doch ewig wahr,
Die Musik der Welt, so sonderbar.

Ares' Echo

Donnergrollen, Kriegsgeschrei,
Ares' Lachen, bitter, frei.
Echo hallt in Schlachten wild,
Blut das in den Boden quillt.

Eisen klirrt, doch Mut nicht bricht,
Tapferkeit im Angesicht.
Kriegerherzen, stets im Streit,
Suchen nach der Unsterblichkeit.

Marschieren auf den Pfad des Kriegs,
Ares' Echo, widerwärtig siegt.
Doch Frieden schallt ein laut'rer Ton,
In der Menschheit Herz, der wahre Lohn.

Volkslieder der Vanir

Alte Weisen, Sagen alt,
Klingen durch die Wälder kalt.
Vanir singen, Erde bebt,
Leben webt, das ewig lebt.

Feiernd um das Feuerlicht,
Stimmen durch die Nacht bericht'n.
Einklang mit Natur und Tier,
Geben dem Moment die Zier.

Urkräfte aus längst vergess'ner Zeit,
Legenden weben Ewigkeit.
Volkslied hallt im Windeswehen,
Lauscht, so könnt ihr Götter sehen.

Himmlische Vibrationswellen

Im Äther hallt ein sanft Geräusch,
Wellen tanzen, leicht und weich.
Sterne nicken, spielen mit,
Kosmos singt sein Stille-Lied.

Leise flüstern Himmelschöre,
Harmonie bricht Zeit und Räume.
Seelen lauschen, andachtsvoll,
Freudenklang so rein und voll.

Durch das Firmament es schwebt,
Himmlische Vibrationswellen.
Träumer finden, weit entfernt,
Einklang, der das Herz erhellt.

Tempel des Nachhalls

Säulen ragen in den Himmel,
Stein zu Stein, so fest und schimmernd.
Tempel des Nachhalls, ruhig Ort,
Vergangenheit spricht, ohne Wort.

Hier flüstert Geschichte durch die Zeit,
Trägt längst vergang'ne Herrlichkeit.
Götterstimmen, ferne Rufe,
Sinken nieder zu den Grufe.

Pilger wandern still hinein,
Suchend nach des Schicksals Rein.
Sie hören Nachhall alter Lieder,
In jedem Winkel, klingen wieder.

Das Echo alter Zeremonien,
Erweckt in Seelen feine Harmonien.
In diesen Hallen, still und mächtig,
Ertönt die Zeit, unendlich prächtig.

Essenzen des Pantheons

In Marmorhallen, ewig rein,
Bewahren Götter ihr Sein und Schein.
Essenzen strömen, flüsternde Macht,
In den Tempeln der Antike, bei Tag und Nacht.

Athene weise, ihr Blick so klar,
Schützt die Wahrheit, macht sie wunderbar.
Mit dem Ölzweig in der Hand,
Bringt sie Frieden übers Land.

Poseidon wacht über Meere weit,
Seine Macht erstreckt sich in die Zeit.
Wellen tanzen auf sein Geheiß,
Der Ozean, sein ewig Reiß.

Dionysos, der Wein und Rausch beschenkt,
Sein Geist, der in den Essenzen lenkt.
In Freudenfeiern, tanzend leicht,
Wo Leben sich zu Leben neigt.

Götterfunken

Aus des Olymps hohen Thronen,
Leuchten Funken, Göttermahnen.
Die Blitze Zorns, in Zeus' Hand,
Zerbersten Nacht im fernen Land.

Aphrodite's Liebesglut,
Strahlt durch die Welt mit sanfter Wut.
Herzen erwachen, Sehnsucht entfacht,
In der Ewigkeit der Sternennacht.

Hephaistos' Schmiedefeuer brennt,
Wo Stahl und Amboss kunstvoll nennt.
Die Funken fliegen, tanzen wild,
In seiner Schöpfung, kraftentfacht gestillt.

Demeter segnet Saat und Feld,
Götterfunken, fruchtbare Welt.
Die Erde nährt aus voller Kraft,
Leben sprießt aus Dunkelheitsschafft.

Whispering Valhalla

Flüstern hallt durch Ewigkeit,
Das Echo alter Heldenzeit.
Schilde klirren leis' im Wind,
Valhallas Ruf, ein Geisterkind.

Die Ahnen sitzen, trinken Met,
Ihre Geschichten, längst adrett.
Sie flüstern zu uns durch die Nacht,
In Träumen wird ihr Klang entfacht.

Odins Auge wacht so scharf,
Raben kreisen, mit Gedanken klarf.
Der Valkyren Gesang so bittersüß,
Leitet Seelen zum ewigen Fries.

Runenmagie, kraftvoll und alt,
In Wände des Nebels fest eingemalt.
Valhalla, flüsternder Saal so pracht,
Bewahrst den Ruhm der Kriegermacht.

Echo der Götter

Claudia Kuma